国家出版基金项目
NATIONAL PUBLICATION FOUNDATION

中國買辦制

沙爲楷◎著

山西出版傳媒集團
山西人民出版社

圖書在版編目(CIP)數據

中國買辦制 / 沙爲楷著. —太原: 山西人民出版社, 2014.12(2024.2重印)
(近代名家散佚學術著作叢刊 / 許嘉璐主編)
ISBN 978-7-203-08856-1

Ⅰ. ①中… Ⅱ. ①沙… Ⅲ. ①商業經濟—經濟體制—中國—民國 Ⅳ. ①F729.6

中國版本圖書館CIP數據核字(2014)第289750號

中國買辦制

主　　編　許嘉璐
著　　者　沙爲楷
責任編輯　馮靈芝

出 版 者　山西出版傳媒集團·山西人民出版社
地　　址　太原市建設南路21號
郵　　編　030012
發行營銷　0351-4922220　4955996　4956039　4922127(傳真)
天猫官網　https://sxrmcbs.tmall.com　電話　0351-4922159
E-mail　sxskcb@163.com　發行部
　　　　sxskcb@126.com　總編室
網　　址　www.sxskcb.com

經 銷 者　山西出版傳媒集團·山西人民出版社
承 印 廠　山西出版傳媒集團·山西新華印業有限公司

開　　本　700mm×970mm　1/16
印　　張　4.75
字　　數　41千字
版　　次　2014年12月　第1版
印　　次　2024年2月　第二次印刷
書　　號　ISBN 978-7-203-08856-1
定　　價　24.00圓

《近代名家散佚學術著作叢刊》編委會

出版説明

近代名家散佚學術著作叢刊選取一九四九年以後未再刊行之近代名家學術著作共一百二十册，編例如次：

一、本叢書遴選之著作在相關學術領域具有一定的代表性，在學術研究方向、方法上獨具特色。

二、爲避免重新排印時出錯，本叢書原本原貌影印出版。影印之底本皆經專家組審定，原書字體大小，排版格式均未做大的改變，原書之序言、附注皆予保留。

三、本叢書分爲八大類，以作者生卒年編次。

四、爲使叢書體例一致，本叢書前言後記均采用繁體字排版。

五、個別頁碼較少的版本，爲方便裝幀和閲讀，進行了合訂。

六、少數學術著作原書内容有個別破損之處，編者以不改變版本内容爲前提，部分進行修補，難以修復之處保留缺損原狀。

七、原版書中個別錯訛之處，皆照原樣影印，未做修改。

八、所選版本之抽印本頁碼標注，起始至所終頁碼均照原樣影印，未重新編排標注新頁碼。

由於叢書規模較大，不足之處，殷切期待方家指正。

總序／

披沙瀝金，以爲鏡鑒

◇許嘉璐

多年來有一個問題始終在我腦中盤桓：爲什麽在十九世紀末到二十世紀初，在短短的幾十年裏，中國的各個學術領域竟涌現了那麽多大師級的人物？這是中國近代史上一個極爲重要的現象，我認爲，如果不能給出令人滿意的答案，我們撰寫的近代學術史將是不完整的，甚至是缺乏靈魂的。後來我知道，著名人類學家克羅伯曾提出過一個問題：爲什麽天才成群地來？看來這種現象的出現並非中國所獨有，思考其所以然的也大有人在。而在那一次世紀之交中國的情况，似乎應驗了「天才成群地來」這個令克氏久久不解的疑問。錢學森先生曾從相反的方向提出了相同的疑問：爲什麽我們這個時代出現不了杰出人才？後來人們稱這個問題爲「錢學森之謎」。

要回答這些疑問不是件容易的事。與其迅速地囫圇地探尋，不如先多了解那些讓中國近代學術（應該包括人文科學和自然科學）史上閃耀着光輝的大師們的作品和自述，從而在腦海里盡量「復原」他們所處的環境和在那種環境下的心理路徑，從中或許可以得到一些啓示。

有一點是顯然的，這就是他們雖然都已遠離塵世而去，但是他們獨立思考的品性、求知治學的真誠、困厄窮愁中對節操的堅守，恐怕是他們共同的主觀因素，一直影響到現在，而且將會永遠留存下去。

就思想界、學術界而言，二十世紀上半葉是一個新説和舊説碰撞，中學和西學融匯的大時代。那時的學人極爲重視言行操守，同時具備現代知識分子的理想信念；他們的學術研究十分純净，絶少功利因素；他們的視界開闊，以包容的心態和嚴謹的風格造就了成果的大氣與厚重。至於在客觀因素一面，他們實際是在用工業化時代的事實解説着太史公所説的名山之作「大抵聖賢發憤之所爲作」，困厄苦難使得他們「皆意有所鬱結」。這種鬱結，幾乎和個人的名利毫無牽涉，他們永遠不能釋懷的，是民族的存亡、國運的興衰、民衆的福禍和文脈的續斷。

那個時代也是近代歷史上最大規模的中西古今學術調適、創新的時期，學術方法上的交互滲透和融合、創新亦可謂「於斯爲盛」。斯時之學人是要在封閉的屋墻上鑿出窗子的勇士，是使人能够看看外部世界的第一批導夫先路者；或者可以説，他們是在「意有所鬱結」時「彷徨」和「吶喊」的「狂人」。

相對於那時的哲人們，後來者是幸運兒。現在的形勢是，近三十年來學界空前繁榮，衆多學科有了長足之進，其中很重要的一點是學界有了更新穎、更廣闊的國際視野，似乎接續上了百年前的學壇盛事。但細想想，「古」與「今」還是有差别的。其异，主要不在於世界情勢、學術進展、工具改善這些客觀存在，而在於在廣泛吸收各國優長的同時，自身文化的主體性越來越受到重視，换言之，「拿來主義」已經延長了「拿來」的程序，加上了試用、甄别、篩選、吸收、融合、成長。就我孤陋所見，在當今地球上，面向所有異質文明，努力汲取我之所缺，其範圍之大和心態之切，似乎無出中國之右者。從這個角度説，我們已經超越了前輩。但是事情還有另外一面，學術，特别是人文學科，其職業化、「沙龍化」和功利性，以及隨之而來的浮躁病却嚴重了。從這個角度説，是不是我們已經後退得够可以的了？而這是不是我們這個時代出不了大師的原因之一呢？

民國學術界的特點之一是極爲注重對傳統的反省、批判與繼承。他們對傳統文化盡最大的努力進行整理和研究。一方面，由於戰亂頻仍，民不聊生，學者們擔起了讓中華文化薪火相傳的歷史責任；另一方面，他們要通過對中國傳統文化的整理、挖掘來重振民族自信心。這一時期對傳統文化進行整理的全面而深入是前所未有的，舉凡文字學、語言學、經濟學、法學、哲學、政治制度、書法繪畫、金石學……規模之宏大，研究之精微，令人嘆爲觀止。

民國學術推動了現代學科體系的建立。在對傳統文化整理和研究的基礎上，吸收西方的文化思想和理念，推動和建立了中國現代學科體系。例如，在對語言文字和音韻學成果進行整理、研究的基礎上開始着手規範之，建立了國語學；深入研究書法、國畫，將其融入了現代美術學科；在廢除舊有學制後逐步建立起小、中、大學較完整的科目和學科體系。

民國學術也改變了傳統學術方式，建立了新的研究範式。以現代科學考古爲發端，科研的實踐和成果使中國知識界真正認識到在實驗、比較基礎上的邏輯分析對學術研究的重要，推進了中國學術的一大演變。至於我們常説的打破士大夫傳統、走出書齋到田野鄉村和市民中進行調查研究、結束了經學時代、以歷史眼光檢視儒學和諸子等等，都是確立新學術範式的努力。這一轉變，也標誌着中國學術界脱胎换骨，全面進入了現代，爲此後的學術發展奠定了堅實的基礎。當然，西方啓蒙運動以來，在「現代性」和「現代化」裏潛伏着的缺陷和謬誤也傳到了中國，這些不能不在前哲的著作裏留下痕迹。這並不奇怪。類似的情況，古往今來孰能免之？猶如今天的我們，誰敢自稱我之所見就是永恒的真理？在這個問題上兩個時代所異者，或許就在昔時大家創立新説或譯註西學著作，往往是懷着對學術和前哲的敬畏而爲之，故而常常誤不在我；當今則往往出於對學問和他人的輕蔑，或以所研究的對象爲謀己的工具，因而難辭主觀之咎吧。翻閲他們的心血之作，這些復雜的狀況可以顯見，可以視之爲我們的一面鏡子。

滄海桑田，世事變幻，歷史的動盪和時代的遮蔽，使當年許多大師的一些極有價值的學術著作被棄於故紙堆中，不能不令人有遺珠之憾。爲此，山西人民出版社不惜以數年之艱辛，披沙瀝金，編輯出版這套近代名家散佚學術著作叢刊，凡一百二十册，計文學、史學、政治與法律、美學與文藝理論、民族風俗、宗教與哲學、經濟、語言文獻共八大類別。所選皆爲作者之純學術著作，無論是其見解、精神，抑或是其時代烙印，都是後輩學人可資借鑒的寶貴財富。他們出版這套叢書，意在讓世人不忘來程，知篳路藍縷之不易，爲民族文化的傳承再增薪木。

出版社的初衷，與我近年來所思所慮近似，故願略述淺見於書端，以與策劃者、編輯者和讀者共勉。

二〇一四年七月六日

改定於自安東回京途中

前言／精神、历史与事实

◇樊綱

中國古代不乏有趣和重要的經濟思想，但是就形成知識體係的理論或「學説」而言，中國現代經濟學的發展是從嚴復一九〇一年引進翻譯出版英國人亞當·斯密的國富論（一七七六）（當時譯爲原富）開始的。就是説，是從學習西方開始的。也屬於一個落後國家學習與追趕發達國家過程的一個組成部分。

從原富出版（以至更早時期天演論的翻譯和出版），到辛亥革命前後至五四運動時期，中國應該説是發生了第一次思想解放的進程，也就是中國的啓蒙運動，學習研究西方發達國家的科學技術、政治社會理論和人文思想，進入了一個新的時期。在大約半個世紀的時間裏，「大師」成批地出現，進入了一個學術研究的繁榮時期。除了大量翻譯西方的著作，中國人自己的經濟學研究力量也逐步形成，並逐步運用現代的理論和方法，來研究中國的社會、中國的經濟，用現代方法進行的實地調查研究，也多有發生。雖然有連續不斷的內戰和抗日戰争，學術研究却仍在繼續，陸續出版了許多專著和論文。我們這些在「文化大革命」後才進入學術領域的後人經常會好奇：那麽一個戰亂的時代，那些前輩怎麽還在做研究？怎麽還能做研究？每當看到一本那個時代出版的泛黄的「故紙」，一定是仰慕之情油然而生。

也許正是因爲戰亂，因爲當時的落後與貧窮，許多著作出版了，又散落了。有的没有得到應有的傳播，有的研究被打斷，無法産生大的影響。現在山西人民出版社將一些不大爲人所知和没有再印的散佚經濟學著作收集出版，既是拯救，也是發揚。用現在的眼光看，有的著作也許「淺顯」，但這些著作的價值和從中我們可以學到的，其實首先在於以下的一些東西：第一是精神，那種不求世俗功利，出自好奇心在亂世中探索真理的風骨；第二是歷史，我們中國人的思想史，我們現在學的這些東西是如何從外面舶來而在中國的土壤上生根和發展的；第三是事實，是那一輩學者在艱苦的環境下記録下來的當時和以往的事件與史料，這些已經不可復得，但却是我們在研究近現代中國經濟發展的整個進程時不可或缺的。

一代人有一代人的使命，也有一代人的局限。翻閲古籍，令我們思考我們能爲這個國家、這個民族、這個世界留下哪些遺産，我們的後輩將如何評價我們？

二〇一四年八月二十一日 寫於深圳

作者簡介

沙爲楷，生平不詳。

序

十六世紀之初，歐洲全土，方爲殖民熱所彌漫，甫經建設之歐洲近世的國家，莫不使其勢力向東方發展，於是東西洋始見接觸。其初西、葡、荷、法、英諸國，於印度及南洋間，互爭雄長，其次對於中國商權，亦莫不銳意經營，競著先鞭焉。然當時中國閉關自守，不屑與外邦相往還，而況語言習慣，大相逕庭，歐人於此，欲求通商，其爲艱阻，固可想見，遂使能操外國語之華人，對於中外兩商之間，周旋交易，藉令商業行爲，得以暢進。此蓋各國初期通商時代應有之歷程，抑亦中國買辦制度之嚆矢也。然在各國之中，此種歷程時過境遷，已成往迹，居間媒介之舉，早不足重，獨在我國買辦制，竟能有其堅確之發展，時至今日，形成一種特別之商業機關，其故又安在歟？夫買辦制，向爲各國對於我國貿易上不可或少之設施，具有重大之利害關係，其存廢以及如何改良，幾成爲各國商場中歷年研究之問題。三十年前，日本三井物產會社，因備有通曉中國情形之店員，謀與我國商家直接交易，遂將廿餘年來所用之買辦制，一旦裁撤，歐美各公司，莫不嘆爲非常之手段焉。據道路傳聞，當時力圖擴張遠東商權之德王，得此消息，即促令在華各德商，取法乎三井。由是觀之，各國對於買辦制，其注意之深，可見一斑。迨至八年前，日本橫濱正金銀行，將買辦中最稱棘手之銀行買辦，斷然撤廢，而直接從事於中國貨幣及匯兌貸款等複雜之業務。其實行之結果，在匯兌買賣上與我國交易，竟大感不便。故最近對於此種業務，仍復採用買辦制矣。總之，今後列國在我市場上經濟的活動，必愈爭愈烈，而此種爲媒介機關之買辦制，正不知其伊於胡底。然則吾人有洞察詳考之必要，又豈可後於彼外邦人哉！默察吾國坊間，是項問題，尙無專著，因不揣譾陋，參考日人土屋氏之講述，編譯而成斯本，以期闡明個中之眞相，海內宏達，取而讀之，或不無小補云爾。

中國買辦制目次

中國買辦制

第一章 沿革

第一節 買辦之起源

自哥倫布 (Columbus) 發見新大陸，伽馬 (Vasco da Gama) 開發喜望峯航路種種影響，以至行會 (guild) 組織漸次崩壞，而樹立近世的國家基礎之歐西諸國，因其遠洋航海術與時俱進，而欲謀得植民地及擴張外國貿業藉圖巨利之念，遂亦澎湃勃興。各國商民競相渡海東來，而最先注意與中國通商者，爲葡萄牙人安得剌德 (Pery de Andrade)，在西曆一五一七年，率一艦隊至廣東省沿岸，要求互市，是爲中外通商之嚆矢。其次十六世紀至十七世紀中葉之間，如西班牙、荷蘭、英吉利等國，雖各抱通商目的，絡繹東渡，然當時中國持閉關主義，不濫許外人入國境，僅任其在廣東方面活動，作有限制的貿易而已。

由是外人一方欲免去中國官憲之壓迫，他方須謀商權之擴張，與夫對其他外商競爭之必要上，不得不傭雇能操外國語，且有商業才能之中國人為之作介紹機關，以便在華諸種交易上，暢行無阻，使營業之基礎，益臻穩固。

以上為中國買辦制之起源，嗣後因時勢之變遷，其制之內容，亦因之次第而改正，形成今日所謂之買辦制，此與日本當海通之始，為外商作介紹之推銷商人，及外國商店之雇傭人，甚相類似。而英商侵入印度之初，因販賣商品於印度全國之關係，就印度人中較有信用者，任為介紹之用，並使其作為付款保證人，延至今日，所謂 banian broker 制（註）者，尤酷似之。故買辦制，實為歐洲商人與當時尚未開發之東洋諸國，因通商貿易之關係，而產生者也。

買辦（compradore）一語，乃源由西班牙文之 comprar 而來，comprar 在英語為 to buy 有購買之意，吾國譯作買辦，謂其代人買賣也，於原義尚稱適合。

買辦制之源起，說者謂乃於西曆一七〇二年，由國家正式批准之特許商人（其初此種特許商人，僅只一名，嗣後名額漸次增加，在一七二〇年由十三名之團體組織公行 cohong 之制）之變體，然徵之史乘，當時外人已有使用買辦之事實，就公行之業務上觀之，乃爲外人介紹買辦，辨銀人 (shroff)，通事 (linguist) 及其他使用人，且兼作保證人，是公行之本體，不能謂爲現在買辦之前身。自鴉片戰爭之結果，自西曆一八四二年締結南京條約以降，承認外人自由貿易，廢止特許商人，因此外人利用買辦之範圍，亦隨之而擴張，買辦至此，亦變其本來之職務及權限，且侵入從前公行所營之實質的業務範圍以內矣。

今將外國商人對華貿易上，使用買辦之實質的主要理由，列記於左：

一、中國經濟狀態，與歐美大異，外商殊難了解。

一、學習中國語言之困難。

一、調查中國商人之資產信用，頗爲困難，而中國商人亦難置信於外來商人。

一、中國商場中諸習慣，貨幣度量衡等，複雜萬端，不易通曉。

一、中國貨幣制度，頗爲複雜，品質形狀相異之各種貨幣，以及票據等，隨時流通於市場，欲辨其眞贋，鑑其良否，均須特殊技術，外人於此，俱爲不可能之事。

一、中國之國民性，頗長於商才，如令身當其衝，則商略上信用上，外人均沾其惠。

溯考各國對於中國自無條約通商時代，經歷正式通商時代以至今日外人管理海關時代，其間各種貿易，俱有長足之進步，且獲得卓越之經濟地位者，固因其銳意經營之結果，然對於複雜難解之中國商情，有賴於買辦居間盡力者，實多焉。近來各種買辦，與日俱增，而其弊害亦屬不少，撤廢之議，雖時有所聞，而今日一般外商，依然視爲必要，竟能繼續存在，不克裁革之者，從可知買辦制在中國經濟上，實占有重要之地位也。

(註) Banian broker 制在印度之英國輸入商人，最初與印人交易之際，極感困難者，厥爲土人資產信用之調查，以其難於着手，故不得不借用土著之印人，令作付款保證人，以圖交易之安全，及至今日，仍繼續未改。此制發生之原因，及此制之目的，與中國買辦，殆無軒輊。banian 云者，乃付款保證人之意，broker 云者，卽通常所謂之經理人，兩者兼而有之者，是之謂 banian broker。外國商人以 banian 作履行交易之保證，倘對方不履行合同時，須由 banian 代償相等之損失。因此，報酬關係上，給以相當之佣金，卽所謂 banian commission 或稱爲 banianrage。

第二節　買辦制之發達與廣東人

往時歐洲人，抱通商之目的，來航中國者，悉以南方之廣東爲中心，嗣後我國政府，開放南方各港口爲商埠以來，於是中國南方之外國貿易，遂有急激之發展，同時更促進利用買辦之機會，是以買辦制，尤以南方發達最早且盛。

因此之故，當時買辦職務，殆爲廣東人所獨占，外人亦利用廣東人能擅長外國語言，故多以該省人充之。斯時買辦，咸以外國人不諳語言，不明商業習慣以及其他之一般情形，乃居奇制勝，往往過索佣金，或於賣買價格上，播弄手段，頗可獲得鉅大之財，是以各省人士，苟能通解外國語言，莫不競趨斯業，即擁有巨萬之富，亦甘心執役於彼外商之下者，亦不乏人，然就人數而言，依然以歷史上爲對外貿易中心點之廣東人占其多數，其次當推寧波人，此兩地人本以長於商略聞，故操斯業，非無故也。

第三節　中國南方之買辦與北方之買辦

如前所述南方之買辦，與中國開放港口，同時有長足之發達，且助成外國貿易之興盛，而北方之買辦則否。目今北方雖有買辦制，其勢力究不能與南方者相比擬，殆因買辦制之起源發自南方，而中國貿易之中心，在昔爲廣洲與澳門，今則移於上海。故買辦在中國北方發達之機會甚遲。卽就其內容而言，實際上利用之處甚少，亦不過模倣南方買辦制而已。蓋北方貨物之集散，大都由鐵路運輸，規則整然，不若南方交易之煩雜，需居間機關之介紹者，亦較少，故在北方利用買辦之範圍，更因之而狹小也。

第二章　買辦之意義

第一節　買辦之一般的意義

買辦因所從事營業之不同，其業務及權限亦異，故其性質及內容，雖不能一概而論，要之，買辦云者，乃華人與外商根據互訂之契約，在一定報酬之下，充外商之使用人，居於外商與華商之間，以外國商人之名義，與華商交易一方繳納保證金或具保證人，關於一切交易，須負無限保證之責任，於交易成就後，而得其規定之佣金者也。

是以買辦一方立於外人之使用人地位，他方根據互訂之特約，於所定職務權限之範圍內，以完成其營業爲目的，舉凡一切交易，對於外商，皆立於保證地位也。

例如一般商店之買辦，由店中給與一定之月薪，使之周旋各種交易，保證華人顧客之信用，並負顧主納款之責任，或則處理貨物之購入賣出等手續，而得相當之佣金。輪船公司買辦，則在一定薪俸之下，使之招徠貨物及乘客，並作繳納水脚之保證。銀行買辦，則受銀行一定薪俸，以一己之責任及利害，掌管一切出納事務，凡經由買辦之手，所有對於華人之匯兌買賣貸款承受等，均負完全保證，同時由銀行給以相當之佣金是也。

第二節　買辦在法律上之地位

關係買辦在法律上之地位，雖有種種議論，要之，第一因買辦從事營業之種類，第二就各種買辦契約之內容而異其趣，不得一概而論也。

買辦之地位原不過爲外國商人對於華商交易上之介紹機關，純係一種使用人，其後因買辦權限及其業務範圍之擴張，遂帶有一種代理商人之性質。

自外商在中國漸次發展以來，買辦之種類亦隨之增加，買辦契約之內容，亦因之紛歧，故在法律上之地位甚形複雜，不克以一律而斷。然現今各種買辦，就法律上觀察之，均係根據於民法上之雇傭契約，及包辦契約，換言之，買辦對於外商，以服一定之役務，完成一定之事業爲目的，而外商對其勤勞之結果，付以相當之報酬，故一方爲使用人，兼包辦人之性質，加之買辦各自之職務權限，因當事者相互締結特約之不同，亦有涉及其他種種法律關係。

例如普通商店之買辦，立於中外商人之間，作賣買貸借等交易之媒介，銀行買辦，位於銀行及華商之間，以成立匯兌賣買之約定及放款等事，而得一定之佣金，是則買辦可謂爲一種掮客事業，而普通商店之買辦，在業務上以自己之名義爲雇主購買或販賣商品者，則可謂爲一種經理事業。又如銀行買辦，處理現今之納付及保管等業務，輪船公司買辦，從事運費之收集及納付等業務，是則買辦對於公司本一己之籌畫及利害，以完成一定之業務爲目的，又可視爲一種包辦之事業也。

上記諸交易中，買辦對於外國銀行或商店立於保證人地位者，非於每次交易另訂保證契約，乃由買辦與外國銀行或商店在本來相互締結之概括的保證契約之下而爲之也。

然則買辦在法律上，僅屬民法上因雇傭契約所訂之純然服務者歟？抑爲商法上之掮客或經理人歟？諸說紛紜，實莫衷一是。要之僅就法律上之使用人包辦人掮客或經理人之一種名義，而欲說明買辦在法律上之全般地位，殆不可能。故買辦云者，一方爲使用人，仝時又有包辦人之性質，他方依契約所定之事業範圍內，或爲掮客性質，或爲經理人之性質，是以各種買辦之共通的法律觀念，可略言之如下。卽買辦因雇傭契約而爲使用人，同時各個交易上，不另與雇主訂立契約，皆以完全特定之業務爲目的，在概括的契約之下，成爲一種包辦人是也。

要之，買辦乃中國法制不完備中之特有物，因銀行業，輪船業，貿易業，及其他營業之種類及契約內容之不同，各有其相異的法律關係，故欲作精密之法律的解釋，必須就各種買辦契約而論之也。

如上所述，買辦契約，既因營業之種類而異，即就其形式及內容而言，亦皆由外國商人參酌其本國法律，自由締結之，故千差萬別，殆無一定之形式。然各種買辦契約上共通之必要條項，概可列舉如左：

（一）職務之範圍　關於周旋交易貨幣票據商品之鑑定，及出納保管等事項。

（二）義務　關於交易及信用之保證，賠償責任，嚴守機密，禁止投機，整理保管銀錢賬簿等事項。

（三）報酬　關於月薪紅利及佣金等事項。

（四）雜件　關於保證人，保證金，利息，墊款，會計清算期，契約期間，契約解除，及其他契約上附帶事項。

第三章　買辦之種類

買辦因從事營業之不同，其事務各異，大別之可分為銀行買辦，輪船公司買辦，保險公司買辦，普通商店買辦。

第一節　銀行買辦

目下中國貨幣制度之複雜，已達極點，在華之外國銀行，均感不便，而於多種各式之貨幣及莊票（中國錢莊所發行之期票，設該票面記載之文字及圖章，有時脫漏，則於效力上，有巨大之影響，甚至於無效，）之授受，並鑑定其眞贋，須有特別之技能及經驗，外人對此，徒多困難。至於調查華人在交易上之資產信用程度機關，復不完備，而外人從事調查，更形棘手，是以一般外國銀行，皆使用買辦，以圖營業之圓滿，但因時勢之進步，及外國銀行在華歷年之經驗，買辦契約之內容及實際交易上之狀況，俱改舊規，以今較昔，不無改良之點（參照第四章買辦之利害得失及其將來）。

銀行當雇用買辦時，對於本人之資產信用人格經驗等，須加以充分之調查，在各種條件上確爲萬全，然後雙方締結契約，於此銀行與買辦始發生關係，外國銀行買辦契約之內容，雖各有不同，然關於買辦之業務權限責任等事項，無甚差別。今就現在上海各外國銀行共通的買辦契約之大要，說明如左：

第一款　銀行買辦契約之內容

銀行買辦契約，以左列事項爲構成之要素：

（一）雇傭；

（二）身分保證金，擔保不動產；

（三）買辦之保證；

（四）買辦之職務及權限，

（五）買辦之使用人；

（六）買辦之薪金及其他收入；

（七）契約之解除。

其他附帶事項經當事者同意後，以定各種之細則。

右列契約書，普通以華英兩種文字記載，有時僅以英文記載。在日本之銀行者，有時加入日文，而以華，日，英三國文字記載之。但各種文字，均作三份，當事者各執一份。其餘一份，呈於所屬之領事館，作爲證據。

第一項　雇傭

在買辦契約書之開章。載明本銀行自一定之時日，至解除契約之日爲止，雇用某華人從事買辦之業務，買辦某，卽爲本行契約上之使用人云云。

第二項　身分保證人保證金

銀行因隨時均流通巨額之金錢及交易，故對於首當其衝之買辦，令其繳納多額之身分保證金，或因擔保履行契約之故，使買辦呈示其所有之不動產，或令本埠產業人格俱備之知名者數人，作爲保人。

有因買辦信用程度之厚薄，而不須保證人，或不納保證金，僅以買辦所有之不動產作擔保者。保證人之保證金額及人數，雖因銀行而各有不同，大約保證金額，在二十萬兩至三十萬兩之間，人數在二名至三名之間，而各負保證之責，然銀行認爲必要時，得隨時增減保證金額及保證人數。買辦之保證金，普通在二萬兩至十萬兩之間，銀行對於該項保證金，常附以較市場利率稍高之利息，每年分作兩次付息若值解除買辦契約時，買辦各種賬目及經手各項交易，均告結束後，銀行始支付買辦之保證金，附帶利息，及未付利息。萬一買辦在契約上當然負責之損害賠償，及代償等款目，而未履行時，銀行得隨時自由取得保證金及附帶利息之一部或全部，抵充賠償之額，倘仍不敷，尚須買辦卽時補足之。

第三項　擔保不動產

銀行欲令買辦呈納所有不動產（土地及其附屬建築物等），作爲履行契約之擔保時，銀行因確保該不動產所有權起見，以銀行名義，向所屬領事館移轉注册，而保管其權利證明書，今就在上海各外國銀行習慣觀之，因在中國現狀之下，租界區域外之不動產，極不確實，欲期安全之故，買辦所有之不動產，必須在上海租界境內，而土地雖在租界境內，亦須由中國政府承認有永久貸與權者方可，此外尚有如次之條件：

（一）契約繼續中，或契約解除時，買辦在交易上對於銀行負債之時。

(二)買辦有違反契約條項,或因不遵守契約條項之結果使銀行受損害,或於第三者之債務,而使銀行負擔支付時。

銀行關於上列賬目之結算損害之賠償債務之支付等項,向買辦發出催促履行書後,經過一定期間,倘買辦仍不履行,且以買辦之保證金仍不足敷補償時,銀行得不經通知手續,自由處分該擔保不動產之土地及其附屬建築物等,以充當各項債務。

出售不動產之方法,以銀行認為最有利之手續執行之,或依拍賣方法,或依普通買賣方法,由售價中扣去訴訟費及其他出售時連帶之諸費用外,其餘殘額,卽以之充當買辦之債務,或賠償金。且銀行出售該不動產時,關於此舉是否依據銀行之正當權利,不必使買主負查照之義務,縱使買主得知其有若干欠缺之點,亦毫不侵害買主之利益。故為買主之安全及保護計,得預令買辦訂立特約,以免日後之紛爭。

在售得之代價中除去諸費用及賠償金外,若仍有餘額時,在解除契約之後,銀行可代買辦保管之。或在契約繼續中,銀行亦得自由將該項餘額充當其他投資事業,而其餘額及該投資物件,與買辦向銀行呈納擔保品時，同一手續保管之，倘代價仍不足補償買辦負擔之債務，則買辦必須在最短日期內，向銀行繳納之。

擔保不動產之租賃金，使用金，及其他附帶利益，若由銀行收納時，對於買辦以書面通知之，收納之款，作爲擔保之一部。

因維持擔保不動產之原狀，而加以必要之修繕及保存行爲，或應繳諸稅，概由買辦負擔，欲免除該附屬建築物火災之危險，買辦得經銀行之承認，以銀行名義，將該目的物總價額，附諸火災保險（保險費歸買辦負擔）。

第四項　買辦之保證

外國銀行，因對華人交易時，不能充分調查其信用及資產狀態，故欲避免不測之損害，凡由買辦經手之一切交易，必須買辦負保證之責。卽

（A）銀行經由買辦之手，對於華商銀行，或其他華人各種匯兌之訂約，及生金生銀或貨幣之買賣。

（B）對於華商銀行或其他華商放款等事項。

（A）項中，萬一到期交付目的物而發生齟齬，不履行或不付代價時，買辦對於銀行所受之各種損害，須賠償之。（B）項中到期後，立於債務者地位之華商銀行或華商，不繳納本利時，買辦除代償債務者應付之本利外，銀行因其不履行之結果所受損害，買辦亦須賠償之。

上述對於華商銀行或華商之債權等，倘陷於收回困難之境，銀行當然極力爲買辦之援助，必要時，因收回之關係而經由法律上一切手續，銀行亦必盡力爲之，非任買辦單獨解決之也。

第五項　業務權限

一　出納

外國銀行雇用買辦之主要目的之一，在令其掌管現金出納等業務，已可於上述各節明之。卽關於銀行日常收授之一切紙幣，各種貨幣，莊票期票等，買辦須負責代爲收受保管各種金銀之品質，及內外一切貨幣，或由銀行之買入及收納，或由買辦向他處發送之生金銀並寶銀等之効力品質，買辦須負一切鑑定之責，關於到期之莊票，中國匯兌期票，期票等履行收集承受等手續，買辦須以全責從事。買辦或其使用人，爲銀行收受之期票等類之事業，買辦自身或其使用人之署名，買辦亦須負其責。

買辦於每日營業時間終了後，必將出納各賬簿呈示於支店長或代理支店長之前，受其檢閱，且於必要時，銀行支店長，代理支店長，及銀行檢查員，得令買辦呈出各種賬簿，及各種紙幣，貨幣，期票，生金銀，寶銀等，加以檢查。

二　業務上之限制

（1）買辦從事業務，當然以誠實爲先，努力使銀行營業，達於興盛之域。其外關於銀行之機要事項，亦當嚴守秘密，不得向他方稍有洩漏。

（2）買辦欲行使左列各項之一之時，須經銀行支店長或代理支店長之許可。

一、以銀行名義，放出之各種貸款。

一、買辦欲圖自己之利益，與銀行間發生競爭事業。

一、對於銀行使用人之交易墊款或融通。

（3）買辦不得因作他人之保證人，致使不能根據買辦契約上所應盡之義務。

（4）買辦不得仿製及使用與銀行同樣之印章，亦不得令其使用人仿製之，或使用之，同時買辦自己所有及所使用之印章，不得作爲銀行印章之代用，並不得令其使用人代用之。倘買辦或使用人之所有及所使用之印章因認爲銀行印章之結果，致銀行受損害時，買辦須負損害賠償之責任。

第六項　使用人

買辦之下，得置數名至數十名之使用人，分任買辦事務（參看第二款買辦賬房之組織）。

使用人之薪金，概歸買辦負擔（亦有由銀行給付買辦室主任之薪金者）。關於使用人之行爲，買辦須負完全責任，同時銀行以自身之經費雇用之各種華人，而經買辦介紹者，買辦亦須負其責任。買辦對於其部下負監督指導之責，固所當然，萬一其使用人令銀行受損害時，其損害發生之原因，不問其爲買辦自身之行爲過失或怠慢，抑其使用人之行爲過失或怠慢，買辦對於銀行均須負一切損害賠償之責。

第七項　買辦之薪水及其他收入

銀行對於買辦薪金，每月給以若干銀兩，其額數雖因銀行而異，就上海外國銀行之例言，約在二百兩至八百兩之間，普通則爲三四百兩。然此種月薪，在買辦觀之，不過爲一種有名無實之物，普通均以此充買辦室使用人之薪金，買辦自身不之取也。（買辦將銀行給付之薪金，轉給與其使用人之外，於每年舊歷年節，並就自己所獲利益中支給幾分之幾，作爲慰勞金。）故買辦獲利之目的，當別有所在，要不外左列諸點：

（一）買辦匯兌及生金銀之佣金

在中國各外國銀行，大都以買賣匯兌爲主要之營業，是以買辦對於銀行之營業關係，亦以此點爲最著。銀行對於華人買賣匯兌，或交易生金銀等事，直接交易者極少，普通均由買辦經手。銀行匯兌，由買辦經手向華人及其他各處賣出時，買辦所得之佣金，由銀行就賣出額 $\frac{1}{8}$ %支付之。例如有十萬兩之賣出匯兌，買辦可獲得一百二十五兩之佣金。(change over 或 cross business 等交易同時成立時，則佣金爲 $\frac{1}{16}$ %，因買辦由前途亦取得 $\frac{1}{16}$ 之佣金故也。）其次銀行由買辦經手，買入匯兌時，銀行在買主地位，雖不給買辦佣金，然立於賣主地位之華人，對於買辦，須給以同率之佣金。但近來各銀行買辦間之競爭，頗爲激烈，買辦因之所取顧客之佣金，往往只收其半數，有時定爲 $\frac{1}{16}$ %，有時且減至幾分之幾，此外銀行以匯兌及其他之目的，由買辦之手，買賣生金銀時，則與上述同率之佣金，由賣主付與買辦。

上述各種買賣佣金，實爲現在銀行買辦利益之根本，就上海外國銀行買辦之例觀之，由銀行及顧客所得此種之佣金，合計最低年額一萬兩（小銀行買辦），較大者則爲八萬兩（大銀行買辦）左右。

（二）銀行放款佣金

當外國銀行在華經商之初，因對於中國情形，毫不通曉，故對於資金確實之放款前途，亦不易明悉，百事均倚買辦爲左右手，職是之故，事實上，買辦在某種程度之金額或利率之運用，不得不帶有包辦性質。買辦對於銀行，付與一定之利息，他方對於借主，則課以較高之利息，以收過分之利益者甚夥，然到今日各外國銀行，頗通曉中國金融狀況，明悉市場之利率，買辦此種從中取利之餘地，已不多見，僅由借主按日利給以一・二釐（市場利息低下時）乃至一分左右（市利昂貴時）之報酬費。（支付保證金亦在內，此外銀行不另給。）在華外國銀行，普通均不欲以商品或不動產作擔保而放款，亦不欲作長期放款，故最可作爲外國銀行對華人放款者，厥爲chop loan（折票）是也。按chop loan云者，乃外國銀行經由買辦保證之下，向錢莊放出每二日期之無擔保款項也，就上海外國銀行之例而言，對於該地錢莊放出之chop loan總計達十萬兩之鉅，買辦於此，自又得相當之收入矣。

與chop loan相反，卽外國銀行以由華商銀行借入之短期款項爲目的而吸收存款時，立於存戶地位之華商銀行，以利息之一部給與買辦，藉作報酬，而此種報酬金，華商銀行當然歸入存款利息以內而計算之也。

（三）雜項收入

（A）銀行買賣銀元或銀角時，買辦於其間可獲得若干佣金。

（B）苦力費（coolie hire）係作現銀收入，當運搬時，以之充運搬費，其間可獲小額之佣金。

（C）在銀行其他各種交易原則上，亦可得若干佣金。

向來買辦之收入，外人頗難窺知其底蘊，當外國銀行在華創業之初，買辦乘其不悉中國金融狀況，對於放款之包辦，及私自流用所管銀塊之一部等不正行爲，不能謂爲絕無其事，但近年因外國銀行對於買辦得有相當監視之智識及方法，此種展布不正行爲之餘地甚鮮，是以買辦之收入，亦次第明瞭。近者外國銀行，買辦於每年舊節後，漸有發表該年度之總利益者（固不能謂爲十分正確）。今依民國十二年度上海銀行買辦發表之總利益因以得知最低額約在一萬兩，而最高額約在十萬兩。

第八項　買辦契約之解除

銀行或買辦任何一方欲解除契約時，彼此均須在三個月前（期間當然因契約而異，然普通均在三個月以前，）將其理由以書面通知之。通知期限後再經過一個月，該契約卽作消滅。

又銀行於左列事項，無論何時，得解除契約。

一、買辦對於義務上應盡之事，自行疎忽，或拒絕之時。

一、買辦關於契約條項中，有違反行爲之時。

一、買辦破產之時。

但因契約解除之結果，銀行及買辦，關於不履行或不遵守買辦契約等事項上，相互既得之請求權賠償權，不得有任何侵害。

第二款　買辦賬房 (Compradore Office) 之組織

銀行買辦之業務範圍，最爲廣汎，其處理之事務，亦較繁忙，以少數人分擔之，實有不克勝任之感，是以買辦在自己計劃上，及利害關係上，雇用數名乃至數十名之部下，配置各項事務，使其一一分擔。今將其分擔事務，說明如左：

使用人分爲寫賬，管洋錢，管鈔票，管現銀，跑街，洋役等。

寫賬，卽記賬之人，現今買辦使用之賬簿，大都仍爲中國舊式賬本，以毛筆書之，但對於銀行之計算，悉用洋式。

管洋錢，管鈔票，管現銀之人，皆爲 accountant，而管洋錢者，負鑑別洋元之眞贋及品質，及其收授之責。管鈔票者，負判別鈔票莊票 (native order) 及支票 (cheque) 等類之物，及其出納之責。管現銀者，任鑑別秤量寶銀及其收授之責。

普通事務上之分配，與一般銀行相同，亦有出納兩係，分擔收入支出之事。

跑街，稱爲 market shroff 或 reporter，所謂交際員是也。專任外部之活動，報告市場情形，或探取顧客之意向，買辦本其報告，便於自由行使其業務。

洋役，卽苦力，或 boy 是也。任搬運傳票匯票現銀及買辦賬房各項雜務。

買辦就上述組織之下，從而指揮之監督之，一方自己與顧客接衡，對於銀行華商之間，作匯票買賣之掮客，並計劃其他營業之進展。

第二節　輪船公司買辦

輪船公司買辦，可分爲公司買辦，駐船買辦，倉庫買辦三種：

第一款　公司買辦 (Office or House Compradore)

公司買辦，係從事於輪船公司內部事務之買辦的業務。其主要業務，卽吸收中國貨物之裝運，並周旋交付到岸之貨物，向貨物所有者收集運費，對於中國貨物運費負繳納之責，鑑定貨幣期票之眞贋，並出納等事項是也。

是以買辦日常對於轉運公司及報關行，須有密切之連絡，一方努力吸收中國貨物，他方對於輪船公司運費之漲落等加以注意，以圖其輪船公司營業之便利。

公司買辦之下，所屬之中國使用人，有數名乃至十數名，分掌各項事務，其行爲等一切，須由買辦負責，與他種買辦相同，在大輪船公司中，輸出科與輸入科，有各自獨立之買辦，而其部下之中國使用人，亦有達數十名者。

買辦權限之範圍，及其責任之限度，因當事者相互間所訂之契約而異，但貨物所有者，若不付運費時，買辦須負代償之責。而運費於一年內，分作數期，（普通皆依中國季節，卽自一月至三月爲春季，四月至六月爲夏季，七月至九月爲秋季，十月至十二月爲冬季，）在所定之期間內，絡續向公司繳納。

關於保證公司買辦履行契約之責任，普通須數名保證人在契約書中簽字，亦有因期保證之安全而徵收保證人之保證書及收納保證金額者，但不多見。輪船公司買辦日常處理之事務，性質上不若銀行買辦負擔之危險，故繳納多額保證金者甚少，僅將不動產權利證明書（按係房屋等之契約）作押，或因買辦之信用，有時竟完全不須保證金者。

由公司給與之薪金，普通一個月在一百元至二百元之間。關於貨物之佣金，乃由經手之運費總額，每一航程或一定期間內，由公司提幾分之幾付與之。現在上海外國輪船公司買辦之貨物佣金，約在運費之二分五釐至三分之間。

其他雜項收入，在部下之使用人薪水上折扣，或每日經手收授金錢上之日利，或向公司納付運費時所得換算差額（兩對元）之收入，或將回收之運費，以高利轉貸於人，一方以低利之金錢，向公司繳納，以圖巧利，或在公司與顧客間，大施手腕，以博利益。

以上爲公司買辦之大要，其業務責任及其他細則，均由當事者相互所訂之特約規定之，其契約之內容，與銀行買辦契約，大略相同。

第二款　駐船買辦

輪船內設置買辦，僅爲外國輪船公司從事航行中國內地江河各口岸之特有機關，外國航路之輪船公司，無此制也。

普通駐船買辦之業務，與公司買辦各自獨立從事，然亦有直轄於公司買辦者，其主要之業務如次：

（一）監督落艙後至上岸止之貨物。

（二）吸收各港口之貨物及客商。

（三）發售船客之船票及經理伙食等。

駐船買辦，對於公司，除天災不可抗力之災禍，及因貨物自身之性質所起之損害外，貨物自入艙至上陸之日止，倘有紛失損傷等事，須負完全責任。

駐船買辦之收入，以公司或航路之不同而互異，但通常如下：

（A）月薪在百元左右，及由船票價額內取得十分之一作爲船客伙食費。

（B）在包辦制度之下者，買辦之收入，乃月薪及承包運費與船票價格相減之差額，買辦由此等收入減去船客伙食使用人薪金及其他費用外，所餘者，即爲買辦自身之收入。

然在（A）項中，雖船客之數，超過定額以上，食辦仍欲吸收多數船客，以圖收入，一方對於公司，以多報少，往往作不正確之數目，有時甚至報告與實在數目相差太遠，弊端百出，是以漸次將此種方法廢止，改爲包辦制度。

在（B）項中，爲包辦制度，即於每一航程後，買辦將契約上所定之款額，向公司繳納，便可濟事，定額以上之收入，當然爲買辦之利益，是以有時買辦頗能獲得鉅大之收益，但有時亦不能謂絕無損害也。

駐船買辦之使用人，因輪船之大小，雖有不同，普通爲數甚多，一船中往往有達八十名以上者。是以縱令在低廉之薪金及伙食之下，要之，駐船買辦所負擔之使用人薪水，船客伙食，及其他費用，合計實不在少數。此層在外國輪船公司經營者方面，亦承認其爲事實。船內買辦，常與無數客棧，取相當聯絡，藉以吸收多數下級船客(deck passenger)，而圖利益，此種手腕，殊非外人所能辦；故現在外國輪船公司，就經費上，使用人監督上，吸收華人乘客諸點熟審之，爲公司利便計，寧願駐船買辦，爲包辦性質也。

長江各輪船公司買辦，組織買辦公會，所謂公票局者是也。各輪船之船票，皆在一定數額之下而包辦之。各輪船公司買辦，對於所屬之公司，除去承繳之費額以外，卽爲一己之收入。此種買辦公會，頗能避免各輪船公司之激烈競爭。

駐船買辦，對於公司，須負無限責任，與他種買辦相同。買辦契約書上，普通須保證人簽名，保證金在一千兩至二千兩之間，其額甚小，因公司之不同，亦有不繳收押櫃者。

第三款 倉庫買辦 (Godown Compradore)

外國輪船公司，於中國沿海及內地各河川航路，均有所屬之艙庫，關於是項事務，另以買辦任之，是以倉庫買辦之目的，卽在管理倉庫，而倉庫之安全，貨物之保管，貨物出入之手續等，爲其主要業務。因公司之不同，在上述各項事務以外，有令倉庫買辦負收集棧費及繳款之責者，是項買辦，亦有直轄於公司買辦者，而此種買辦，因圖營業之利便，在自身計劃之下，另雇使用人，以駁船運貨上隆者。

倉庫買辦，關於貨物保管中，或當入棧出棧之時，除天災及不可抗力之災害，或因貨物自身性質所發生之損害以外，一切均須負責，在庫實存之貨物，須一一調查，每日作成表格，向公司報告，以期無誤。

倉庫買辦，向公司繳納之保證金，較其他買辦爲鉅，其數約在二三萬兩之譜。而契約書須保證人簽名，與其他買辦無異。

倉庫買辦之薪金因倉庫之規模大小而異，但較輪船公司中其他買辦爲多，普通在七百元，多則約在一千元，其他收入則爲駁船費，顧客付與之墊款利息，及苦力介紹上所得之折扣。

第三節　保險公司買辦

保險公司買辦，乃立於外國保險公司及華人之間，以介紹保險行爲爲業務，卽介紹被保險者於保險公司，而處理關於保險行爲上一切手續，其業務因海上保險，火災保險，生命保險等種類，故其契約內容，亦各不同。然該制度之要素，大都相彷，今就海上保險公司之大要，記之如次：

海上保險公司買辦之重要業務

（一）周旋保險契約，及處理連帶之一切手續。

（二）保證被保險者之信用。

（三）保證被保險者繳納保險費。

（四）鑑別貨幣期票及出納事務。

保險之觀念，在中國一般民衆，尚未普及。且就保險業自身之性質上論之，則保險事業，爲發生紛糾問題最多之事業，外國保險公司，在茲人情風俗言語迥不相同之中國，而起從事之，自非易易。是以在華之外國保險公司，莫不使用長於交涉才能之華人爲買辦，作公司營業上機關之一部，以之招徠華人顧客，且於發生紛糾時，可使買辦從中調停，以期圓滿之解決。

保險公司買辦之主要業務，因以媒介保險行爲之關係，不若前述其他買辦，得以利用買辦之地位，使公司蒙有損害之弊。是以此類買辦，因欲增加一己之收益，不過常向公司要求增加經手佣金耳。現今外國保險公司，因有此項機關，對於吸收華人顧客，實得其多大之便宜也。保險公司買辦，平常出入會館茶館，或一己相識之商舖，以廣招徠，或由經理人(broker)經手而得被保險者。當被保險者請求保險時，買辦以之報告公司，倘公司認爲無礙，卽作成保險契約，在報單上(request note)加蓋縫印，公司保存其中一紙，其餘一紙，連同保險契約，交與買辦，買辦連同報單，交與被保險者。

買辦關於徵收保險費(由買辦經手之保險費，非於每次成立契約時，卽由買辦繳納於公司，乃分期付款，普通依中國季節，一年分作四次)須負保證之責。萬一保險費不能收回之時，買辦必須代償。而此種買辦，單作保險行爲之媒介，並非被保險者之代理人，亦非公司之代表。當被保險者發生損害時，若公司不能支付保險金額，買辦於此，毫不負任何責任。

保險公司買辦之收入，係由公司所給與之月薪及經手佣金，而買辦之月薪，僅足充當買辦使用人(因業務之大小而異，普通約三四名，多則五六名)之薪金，及其他買辦賬房之經費。經手佣金則爲保險公司買辦收入之主要部分，與銀行買辦之得匯兌佣金，爲主要收入者相彷。

現在上海保險公司買辦之薪金，最低約在一百兩，最高約在三百兩，平均一個月之總經手佣金，最高額約在一千兩左右云。

上海保險公司買辦之經手佣金，雖外國保險公司公會與買辦間屢有協定，其間各買辦均向所屬之公司，時欲要求增加，而各公司因吸收顧客及競爭關係上，不能墨守成規，亦時有改變。民國十三年九月外國保險公司公會，與保險公司買辦及經理人間，又成立一種新協定。卽保險公司買辦，及經理人組織公會，買辦須納五百兩保證金，經理人須納一百兩保證金。公會對於買辦及經理人，發行一種經由外國保險公會董事長 (chairman) 簽字之執照 (license)，外國保險公司對於有執照者，始承任其與華人營業，提保險額之一成，給與買辦，或經理人。若買辦及經理人有違反協定行爲時，則依制裁方法，處以五十兩以下之罰金，該款卽由公會所存保證金充之。又各外國保險公司，給與買辦之月薪，各公司均祕密通知外國保險公會董事長，由董事長審察該公司營業範圍及營業總價額之後，始酌定其付與薪金之多寡。

保險公司買辦契約之內容，除執行特定業務之細則以外，與前述銀行買辦契約之要素相彷，茲不贅言。

第四節　普通商店買辦

買辦之發生，係外商對華貿易欲得介紹之故，已在本書開章處說明。而各種買辦中，以一般商店買辦發達最早，因相需之般，弊害亦因之最著，是以在各種買辦中，一般商店買辦首先遭遇裁撤之命運。世人指摘買辦之利害，往往專就此種買辦而言，蓋非無因也。

以下就此項買辦之內容而闡明之，至其得失，則讓諸後章。

一般商店買辦，與前述各種買辦相同，卽買辦與外國商事公司或店鋪締結契約之後，隨在店內設置賬房，因其營業之種類及繁簡之程度，有用數名乃至數十名之部下，分司事務。

今將代表的一般商店買辦所屬之使用人 (shroff) 分擔業務，記之如左：

稅關科 (custom shroff)；

會計科 (accountant)；

記賬科 (office shroff)；

發貨科或購買科 (selling shroff or purchasing)；

倉庫科 (godown shroff)；

商情科 (market shroff)。

買辦使用前列使用人(shroff)，以從事左列事務：

一、關於買賣上之周旋。

二、調查華商資產及信用狀態。

三、處理報關手續墊付苦力費及其他用費。

四、鑑別期票貨幣及記錄出納各賬。

買辦為店東賣出之貨物，在原則上須向店東繳納現金。然買主有賒欠十五日至三十日者，或契約上雖訂定在十五日後付款，而延至一個月以後者，似上述之交易，買辦須代付應向店東納付之款，因此，買辦往往可得買主相當之利息。

店東雖於販賣貨物，訂有一定價格，而買辦在其指定價格以上，將貨物賣出時，店東就其預定價格以上之利益提出幾分之幾，給與買辦，藉作報酬，並示奬勵。但買辦對於出售價格，是否向店東作正確之報告，事實上殊爲疑問，其間不能謂絕無隱瞞情事，而外商由華商購入貨物時，其例亦與之相彷。此種弊端，殆可稱爲公開之祕密也。買辦業務之責任及制限，大約如左：

一、不得與店東作同樣之競爭事業。

二、購入之貨物與樣本不同時，買辦須負責任。

三、棧房內貨物如有缺少時，買辦須負賠償責任。

四、對於店內使用人須負責任。

至若繳納保證金及具保證人，則與其他買辦無異。保證金及保證人之保證金額之限度，因外商營業規模之大小，有巨大之差異。若在最大之外國商店，於每一營業部門，皆設有買辦，一店內時有多數之買辦存在。是以買辦之薪金，亦千差萬別，小者不過在百元左右，此外之收入，即爲經手佣金不正之收入，由顧客取得之利息，並利用在營業上之地位而獲得之各項收入。

茲將經營輸出入商店之買辦契約舉例如左，以資參考。

一、在中華民國上海某國輸出入某洋行，雇某華人爲買辦，所訂契約事項如左：

第一條　某洋行輸出入貨物之買賣交易，須經某洋行代表者與買辦協議之後，始得實行。

第二條　買辦請有某洋行承認之保證人，關於買辦當然負擔之損害而不能賠償時，保證人須代償之。

第三條　買辦不得圖一己之利益，起而與某洋行作同種之商業行爲，但經行東承認者，不在此限。

第四條　買辦處理輸出入貨物時，某洋行在左列折扣，支給買辦之佣金。

棉布絨布等賣買，按原價每一千兩付銀若干兩，半絲半棉之織品賣買，按原價每一千兩付銀若干兩。

純絲織品賣買，按原價每一千兩付銀若干兩。

第五條　某洋行輸出入貨物代價之支付及收入等，概由買辦收支及管理之。

第六條　某洋行輸出入貨物之關稅及運費，概歸某洋行負擔，買辦不負支付之責。

第七條　某洋行對於買辦之薪金，每月給以若干洋元，買辦於會計賣買倉庫及其他買辦業務之必要上，得雇用若干中國使用人，其薪金及伙食費，概歸買辦負擔，日後因業務擴張，且認爲必要時，在雙方協議之後，得增加相當之使用人。

第八條　前記買辦之使用人，若於金錢出納上發生錯誤時，須買辦代償之，又買辦賬房內所用之什器，概歸買辦自備。

第九條　某洋行營業上之租稅及其他某國使用人之薪金伙食，概歸某洋行負擔。

第十條　某洋行於每月末，須就各項賬簿檢查一次，藉作淸算之預備，若得有利益時，則付與相當之慰勞金。

第十一條　某洋行輸出入貨物之買賣權利，乃屬於某洋行，買辦倘未得某洋行或其代理人之承諾，無論何時何事，不得自由買賣。

若貨物之買賣損失，係基於買辦之獨斷行爲，買辦須賠償某洋行預定之價格。

第十二條　關於輸出入貨物實際買賣上各種事項，概須詳細記錄，於雙方賬簿之上，不得有所隱蔽，使用之賬簿在某洋行則使用某國式賬簿，買辦則使用中國式賬簿，雙方均須詳細明瞭記載金錢之出入，及商業事項，以期絕無遺漏。

第十三條　本契約有效期，乃由訂定契約之日起，滿一個年為止，若經雙方合意之後，仍得延長期限，倘欲在期限前解除契約，須在二個月以前發送要求解除契約之聲明書。

第十四條　本契約書製成三份，在上海某國總領事館雙方署名蓋印，經由該領事館證明之後，各執一份，其餘一份則存於該領事館內。

第四章　買辦之利害得失及其將來

買辦制，除我國外，印度南洋等處亦有之，然印度之經濟實力，操諸英人之手，南洋之經濟實力，操諸歐美各國之掌握中，故所行之買辦制，亦不過曇花一現，卽聲消息絕，而在我國之能有若斯興盛者，蓋互市以來，外人自得有限制的通商，馴至獲有海關權為止，其間各外商在我市場之競爭，頗爲激烈，欲擴張一己營業，勢不能不利用擅長此道之華人，爲之推廣生意，招徠顧客，而我之貨幣既不統一，度量衡又甚複雜，他如商業習慣之不同，信用狀態之不明，言語文字風俗習慣之差異等事，悉爲外商所感之困難。一方我國法制未臻完備，兵燹頻起，種種營業，常發生意外之損失，彼外人欲起而免去此等障礙，以圖交易之圓滿，並得安心經營事業，使一切危險，轉嫁於人，另誘以相當之利餌，舍買辦外，別無良法。而買辦當時恃外人不諳上述各種情形，遂利用此制，在不大傷及外人脾胃範圍以內，得藉以圖其損公肥私之舉，因之互相爲利，莫可或離，此殆外商在我國各埠採用買辦之由來，抑亦買辦因緣時會，得以乘運而興之歷程也。自茲以來，買辦之根蒂益固，而除窮鄉僻壤外，莫不知買辦之炙手可熱，買辦亦高擡身價，炫耀一時，於是買辦之名詞，遂風靡一世矣。近因時勢之變遷，其制雖漸次改良，然在我之經濟上，以及國際貿易之發展上，依然不失爲一種主要之商業機關，假使將來外人欲期發展在中國經營之事業，無論其爲直接間接，買辦或乃爲絕大之原動力，蓋難否認之也。然則現在之買辦制，仍有繼續之性質歟？抑因時勢之漸進，而次第受自然之淘汰歟，抑彼外商已覺其爲駢枝機關，卽行裁革之歟？此種利害關係，固爲外商間最注意之事，且屬經研究之問題，但與我國之商業上，經濟上，以及其他各種關係，殆有絕大之影響，且彼我之地位大相徑庭，觀察上勢必大相差異，今請分別言之：

（甲）　買辦制與我國之利害

（一）外交上　國際外交之間，終難期永久之圓滿，此世人所公認者也。况我國頻年多故，外交上益形擾攘，外商於此不得不藉買辦之力，以免去意外之損失。例如發生排日風潮之時，吾人從事消極抵抗，因而一切日貨日船，俱在排斥之列。近如五卅事件以來，我人民遂有排斥英貨英船之舉，而外商以血本攸關，不甘受損，買辦亦以押櫃關係，不能坐視，勢必苦心極慮，搜求顧客。彼外人以種種關係，不能出面，事實上確賴買辦爲之運籌，此以普通賓東關係，及商業行爲上，固未可厚非，但就國家的見地而論，善言之，自可謂是種買辦缺乏愛國熱心，惡言之，直可謂爲國家之蟊也。

（二）內亂上　自改革以還，內亂頻仍，各地武人所用之軍械及其附屬品，往往經由買辦居間介紹，彼外商以營利之關係，及本國之政策，當然無所顧慮，而買辦以貪圖經手費，利令智昏，忍令大好河山，化作阿鼻地獄，是買辦有以使之也。

（三）**國政上**　今日之握有財力者，不問其間接直接，大都與外商發生關係，其關係情形，固各有不同，要不外與買辦勾結。或且自身卽此中之過來人。故每當中央政權移轉之際，財政首席，必選擇與外人銀行時相往來人物爲爲藉以得金融之後援，此我國每當政爭，而屢見外國背景之所由來歟。

（四）**工商業上**　外商擁有絕大之資本，進步之技術，優良之製品，新式之商略，特定之稅率，其鋒已莫可當，今加以擅長商事之華人，就本國之潮流，隨時參謀指使，無怪我國之工商業日見凌夷，而外商之經營日臻隆盛也。

（五）**經濟上**　買辦制之於我國經濟上，尤有百害而無一利，此蓋人所共喩者也。茲謹就其大端言之，例如外國銀行，貸與中國錢莊之銀兩時，買辦則居間扣息，多所中飽，幾成爲慣例，致銀行與錢莊兩方均受其虧，然錢莊尙得高其利以貸與其他小商人，藉彌損失，而小商人則蒙其害，是以結局之大虧損，仍歸諸我國商人之自身也。又如中外兩方，不能直接交易，全憑人言，則難免失眞，尤易隔膜，其不能合雙方之意，買辦或因利之所在，乘雙方之隔膜，從中舞弊，甚且假藉外人之勢力作種種威嚇高壓之行爲，尤有甚者，則與無資本之外商串通，藉經營商業之題目，利用國人盲目尊崇外人之心理，往往架空作法，騙取金錢，及至事後發覺，買辦則一走了事，而外人則受有領事裁判權之特別法律，雖罹罪而罰極輕，凡萌種種弊害，雖與買辦個人之知識程度及人品有關，要亦買辦制之存在，有以致使之然也。

綜合上列諸點觀之，買辦制之在我國，害多利少，不言可喻，而外人至今在我國之商業勢力，能有若此發達者，雖賴其慘淡經營之功，政府獎勵之力，而間接上買辦實其最大之原動力，今吾國人嫻習外國語者頗多，欲謀雙方之利益，儘可廢除買辦不用，無如外人信用我國之心甚薄，尙斤斤於買辦居間擔保爲可靠，是誠計之左也。

（乙）　買辦制與外人之利害

考買辦發生之初以至今日，就沿革可分作左列四期：

一、絕對需要買辦時代（開始通商時代）。

二、買辦弊害百出時代。

三外商因漸了解中國情狀，遂發生買辦廢止時代。

四、其次與其裁撤買辦，毋寧改良其制，採其長而革其弊，成爲現在之買辦改良時代。

在發生買辦之初，外商對此，以爲事實上所必要，故信之而不疑。然買辦與外商共事日久，稔其交易手腕，及經營方法，並悉其不諳中國情狀，是以乘其所短而展佈策術，藉作中飽，不特以欺騙手段，向中外商人取不當之利，且利用其地位，濫以外商名義，作一己盤算之商業行動，或作投機事業，或祕密流用保管之商品或現金，弊端百出，莫此爲甚。其間僥倖得有適當之買辦，固不在此限內，否則買辦之不正行爲，及失敗關係，受其連累，或負擔損失，因而蒙大多之損害，卽令縱能倖免上述上之事實，然以買辦欲過索佣金之故，因而敗北於列強商戰中者，實已數見不鮮，此之謂買辦弊害時代。

外商欲銳意避免是種損失，起而擁獲利益，發展商權，遂努力研究中國情形，因而漸次有裁撤買辦之舉。首先開其端者，爲日本三井物產會社，該社夙有遠大之計畫，預備在我國境內，作大規模之活動，是以就社員中優秀者，令爲中國商事修業生，練習中國語言風俗，並一切商業習慣，而臻熟達之境。此項準備，據聞係明治三十二年當時該社社長益田男爵之意見。其後該公司果將買辦制裁撤，以一己之責任，與華商直接交易，其間僅雇用華人任該公司與華商之折衝及調查信用，並經理貨幣出納之事。三井物產會社此種施行，在時勢上實爲破例之舉，其他既設買辦之商店，亦有起而效之者。當時慘淡經營，欲在我市場努力擴張商權之德商，大多從而效法，亦漸次將買辦裁撤，改爲直接交易矣。

被裁之買辦中，大都爲貿易商店買辦，若銀行買辦，則因貨幣混亂複雜，且莫由得知華商信用程度，遂未能著手裁撤。其後日本正金銀行，以在華三十餘年之經驗，於民國七年，將最感必要之銀行買辦，實行裁革，出納科以日人爲主體，僅雇華人作其副手，該行此舉，當時頗惹起一般同業者之注目，此爲第三期。

外國商店及銀行等，在我國之營業期限既久，漸能了解我國情形，對於買辦最有弊害之點，亦漸醒悟。而市場情形，交易狀況，各種商品市價等知識，亦漸次增加，是以買辦苟有私圖，不難立時揭穿。其次且能有監督買辦之方法，及調度等手腕，得以防患於未然。一方因我國具有特殊之風俗習慣，及鞏固之同行公會，若用買辦居間接洽，實有大多之利便，是以此種根深蒂固之買辦制，在外人方面觀察之，似謂與其致力裁撤，毋寧改良其制，除其弊端，而利用其長處，較爲得計。是以外商已漸將買辦契約之範圍縮小，以有利之僱傭契約爲主。以 broker 類似之介紹業爲從，今就目下狀況而論，毋寧謂爲買辦制改良時代。

以上乃就買辦制發生之初，迄今所受之變化，分作四期，於每期中發生變化之原因，加以論述。而將來外商對於買辦之得失及改廢問題，當於左列三項中解決之也。

第一、外商營業之種類。

第二、買辦人物之選擇。

第三、外商對於中國情形理解之程度。

第一　由外商營業之種類所下之觀察

（一）銀行買辦

銀行買辦之利便

（A）鑑別混亂複雜之各種貨幣，紙幣，莊票，期票，及其出入，或判斷生金銀品質等，須具有特種技術及經驗，外人於此，實爲不可能之事，縱令能之，其煩勞蓋莫大焉。是以買辦倘負擔一切責任，外人銀行，不特得以增進營業能率，且較銀行在一己負擔危險之下，指揮一切，尤爲裕如也。

（B）調查我國銀行，及一般商人之資產信用狀態，暫時恐非外人之知識所克代替，而外商銀行對於多數顧客，基於一己之憑空調查而與之交易（例如放款及賣買匯票等），亦覺危險，且當各種交易之際，對於各該華商之信用，須經一一調查之後，始克成事，則亦煩不勝煩，且徒令坐失商機，若使用買辦，則駕輕就熟，可以選擇適當之顧客，外國銀行對於買辦，僅負擔一定之佣金，倘有不測之損害，銀行且有確實之保證，得以安心從事營業，是以外商不得不聘請信任有素且熟悉情形之買辦，作爲媒介，故買辦在外商之營業上，無論其爲積極消極，莫不爲必要之機關也。

（C）我國商人，最重信實，迄今法制既未大成，保護欠周，在商界中，倘不見信於同行之人，必爲所擯棄，不能立足於商場。此種習慣，久爲外人所重視，故華商對於由銀行買辦所經手之匯票，賣買，放款等事，若不履行契約，必爲買辦階級所排斥，在買辦相互間亦認其爲 black list 中之人物，絕無再起之希望。是以華商因體面關係上，必須極力履行所訂合同，今若與外國銀行直接交易，則尙未能如是之認眞也。以上亦爲買辦之特徵。

（D）在中國具有鞏固之同行公會制度，各銀行買辦間，亦組織一種聯絡機關，對於共同之利害常取一致行動，以便擁護相互間之利益，加之彼此流通金融，以圖相互業務之圓滿，於不知不識間，形成一種勢力，是以外國銀行，若裁撤買辦，則外國銀行對於此等聯格上甚感不便，營業上遂亦因而發生障礙。

銀行買辦之弊害

（A）曩者外國銀行，在不稔中國情形時代，關於賣買匯票，猶其對於放款，買辦須得銀行一定之利率，於此，買辦遂在一己盤算之下，作買賣或代付行爲，儼如包辦方法，藉圖中飽。然近來因外國銀行關於中國知識，已相當增加，是等弊害，亦漸次減少。

（B）銀行買辦之弊害中，最爲危險者，卽爲買辦祕密流用代銀行保管之款項，以之轉借於人，或以其他方法，圖不當之利益。如計算寶銀，實爲複雜，殊非外人所可企及，且存庫銀塊，若在多額之時，就每箱中之實銀數量品質，而一一計算，尤非易事，是以買辦得乘機舞弊也。但銀行若發生疑問時，則無論何時，均得就現貨，加以檢查，並得實地將存庫現銀，一一搬出，以證實現存之確數。是以銀行在日常果能監督得宜，此等弊害，自能消除；惟最感監督之困難者，乃不良之買辦，利用銀行信用，不經銀行承認而私自發行支票，以供一己之融通，但此種支票，通用期限僅限於當日，故亦易發見，不致釀成至大之弊害。

（C）買辦對於銀行之保證，雖爲無限責任，然結局不出其所有資產之範圍。由買辦經手之交易，皆信爲安全確實，誠屬危險，但買辦對於經手介紹之交易，有時亦深恐其或不能履行，致使自己蒙有損害，故關於有危險者，亦常規避之。且買辦倘非因不正行爲，卽縱令有所失敗，在中國習慣買辦之親戚友朋同鄉等，必起而援助之，是以買辦制之確實性，有時且超過其表面之保證金額。此外倘認爲不足保障，則仍可要求買辦設定保證人也。

要之，外國銀行，倘能充分了解中國情形，同時監督得宜，銀行買辦之弊害，自可減至最小限制，於此更加以改良，則銀行所得之利益，誠非淺鮮。以上實爲現今多數外國銀行依然使用買辦之原由，前述正金銀行上海分行乘廢止買辦之潮流，雖將買辦裁撤，結果對華商之匯票買賣及介紹等，遂感不便，故給與華人行員相當之佣金，用以獎勵，然仍覺不滿所欲，遂在民國十三年九月，將本來之形式，加以更改，僅於匯票之買賣上，復採用買辦，然嚴格解釋之，此種辦法，雖不能認爲買辦之性質，但介紹外國銀行最重要匯票之買賣，並從而用佣金，且保證履行合同等而言之，可謂買辦之變形。

（二）輪船公司買辦及保險公司買辦

輪船公司買辦，及保險公司買辦之利害得失問題，與前述相同。蓋外國商店，以之招徠中國貨客，及斡旋一般華商交易，藉此得以獲大多之利便，此爲當局者素所承認之事實。在中國現狀之下，外國商店除負擔一定之經費外，雖尙受若干之損失，（如駐船買辦之包辦制，或買辦因其制得以中飽等事，）於此遂認爲買辦之弊害，即從而裁撤，另以外人當之，營業上更受較大之損失。故外人明知之而莫能矯正之者，要亦無可如何也。

由是觀之，買辦在外商營業上，實能供獻大多之利便，若從而裁撤，不啻失去營業上一大原動力，就目前而論，外國輪船公司，及保險公司之營業事實上殊不克與買辦分離也。

（三）一般商店買辦

一般商店買辦之利害得失及存廢問題，為歷來議論之中心，其制之弊害，發生最早，故其存廢問題，亦較其他買辦為功。

蓋一般商店買辦在外商開始來華經商之時，對於語言風俗習慣，及最幼稚最複雜之中國經濟組織，交易方法，貨幣制度等，毫無知識，因而雇用買辦以之介紹交易，藉得便利，買辦往往乘外商有上列之現象，在買賣價格上，作不正當之報告，或已為外商買賣之商品，因市價上下，得以取利，遂就一己盤算上，祕密買賣，或避外商耳目，以肥私囊等事，往往有之。當時外商，因毫不能了解中國情形，對於改廢上，莫由着手；近來外商關於中國各項之研究，已有長足之進步，故此種買辦，殆已裁革無餘，而經營市價變動最激之綿紗棉花等商店之買辦，最先廢去，經營市價無甚變動之雜貨等商店，則至今仍用買辦也。

一般商店廢去買辦後，另以賬房代之，而使華人司其事，在賬房之中國人均基於雇傭契約，不過爲商店直轄之使用人，並無 commission merchant 之性質，故當然與買辦相異。因商店之不同，亦有令上述之中國使用人往市場兜攬生意而給以一定之折扣者，於此雖似兼有買辦業務之一部，其實不過用以獎勵，與買辦性質完全不同也。

在多數觀察者之眼光，以爲一般商店現今已不如往昔之利用買辦，但與同業者競爭之關係，其使用 lccal clerk 之傾向，漸次增加，將來中國商業漸次發展，一般商店買辦在市場之地位，恐將爲是種 local clerk 侵占殆盡。

第二　由買辦之人物選擇上而下之觀察

選擇買辦之人物，雖屬於實際問題，然在使用上，亦極爲重要之條件。信用堅厚，人格高尙之買辦，不問其從事之種類若何，一般買辦之弊害，當可減少，若於買辦人物之選擇上，有所欠周，縱令使之從事無甚弊害之營業，外商亦往往受大多之損害，故買辦之利害得失存廢問題，與買辦個人人格上有至大之關係也。請就實例證言之，向來買辦中以銀行買辦掌有多額之金錢，然其弊害較少者，因銀行之營業性質最重信用，當用買辦之際，關於人物之選擇，經過愼重之調查，是以銀行買辦之人格，常較其他買辦爲高潔。反之若貿易商店，因其營業上之關係，對於選擇買辦，不甚注意人格，專重確有經驗而富有手腕之人物，是以在今日各種買辦之中，是種買辦，最易發生弊害也。

第三　外商對於中國情事理解程度之如何

距今四百餘年前，當外商開始來華之時，因人地生疎，當然以爲買辦乃必不可少之介紹機關，嗣後外商漸能熟悉中國情形，縱使買辦制度，不能全廢，但已在改良之運命中。故外商了解中國事情程度之如何，實爲買辦制存廢之關鍵。是以今日外商已就營業性質之難易，將不能廢止買辦之營業，別立部門，其苟能直接交易者，已毅然將買辦裁撤矣。

今就自然之順序觀之，若買辦之介紹機關，在外商漸次得有中國知識，並我之文化向上之日，實有廢止之趨勢，但在目前中國大局未定之時，且貨幣制度，經濟組織，交易方法，尚未整頓發達之際，除在某種營業以外，似未能全廢此物，故外商毋寧依時勢之進展，而就其內容努力改良而已。

結論

買辦之在我國，與外人之利害，既詳述之矣，吾人從可知買辦制，終久必受淘汰，就中以國境政策了解等種種關係而論，日本必首先廢去此制，徵諸近來各項實例，不難證實。其次曩者德商對我國工商業，實抱有絕大之計畫，關於買辦制，亦研究較切，惟今以戰敗餘生，恐暫時尙無餘力顧及。其他歐美商人，亦在利用其經濟力，擴充販路。關於我之全般狀況，俱有大規模之研究機關，頗能與日本所設之各項調查機關相匹敵，然則買辦所持之特有知識，或將盡爲外人所通曉，日後縱令得以保其形骸，殆亦爲附庸之物，可無疑意，此蓋社會日形進化，而中外情形日見溝通，亦理有所必至，勢有所必然者也。